Fantasiereisen im Autogenen Training

zur Vertiefung der einzelnen Formeln und
gegen spezifische Beschwerden

Sabrina Di Pumpo

Bibliografische Information der Deutschen Nationalbibliothek:
Die Deutsche Nationalbibliothek verzeichnet diese Publikation in
der Deutschen Nationalbibliografie; detaillierte bibliografische
Daten sind im Internet über http://dnb.dnb.de abrufbar.

Lektorat: Uwe Jülichs, Jülichs Industriekommunikation

Herstellung und Verlag: BoD – Books on Demand, Norderstedt

ISBN: 978-3-7519-3352-0

ÜBER DIE AUTORIN

Sabrina Di Pumpo lebt mit Mann und Hund im Sauerland.

Sie arbeitet als Beziehungsberaterin und Gesundheitspädagogin und hat sich der präventiven Erhaltung von seelischer und körperlicher Gesundheit verschrieben.

Zum Schreiben kam sie, indem sie anfing, für Kurse im Autogenen Training eigene Fantasiereisen zu verfassen.

VORWORT

Liebe Leserinnen und Leser,

tauchen Sie ein in Ihre Fantasie.

Realistische Situationen oder erfundene Welten – für jeden Geschmack ist etwas dabei.

Lassen Sie sich entführen in die Welt der Entspannung und nehmen Sie Ihre Klienten oder Kinder doch auch einmal mit.

Ich wünsche viel Spaß beim Relaxen.

Ihre

Sabrina Di Pumpo

Schwereübung

„Mein ganzer Körper ist ganz schwer"

Wärmeübung

„Mein ganzer Körper ist ganz warm"

Atemübung

„Mein Atem fließt ruhig und gleichmäßig"

Herzübung

„Mein Herz schlägt ruhig und kräftig"

Sonnengeflecht-Übung

„Mein Bauch ist angenehm warm und weich"

Stirnkühle-Übung

„Meine Stirn ist ganz angenehm kühl"

Schulter-Nackenfeld-Übung

„Mein Schulter-Nackenfeld ist ganz weich und entspannt"

---

* Bitte wundern Sie sich nicht, wenn meine Formeln nicht wörtlich den Originalen nach Schultz entsprechen; ich habe mir die Freiheit genommen, diese so anzupassen, dass sie für mich stimmig klingen und von der Mehrzahl meiner Teilnehmenden in dieser Form angenommen werden.

Vor den Formeln: Die Körperreise

(siehe 3.0)

Zwischen den Formeln: Die Ruhetönung

„Ich bin ganz ruhig und gelassen"

Nach der Entspannung: Die Rücknahme

„Und nun kehre langsam zurück in die Realität.
Balle deine Hände zu Fäusten, bewege deine Arme und
Beine, rekle und strecke dich, als wärst du eben
aufgewacht.
Atme dreimal tief ein und aus und dann öffne, wenn du
soweit bist, langsam deine Augen."

Setze oder lege dich bequem hin. Rutsche noch ein bisschen hin und her und schaue, dass du ganz gemütlich liegst, dass dich nichts stört. Nimm eventuell deine Brille ab oder lockere deinen Gürtel.

Und nun schließe deine Augen.

Lausche in dich hinein und fühle deine Zehen, deine Füße. Schau, dass sie ganz locker sind. Die Füße stehen sicher auf dem Boden oder fallen bequem nach außen.

Nun wandere gedanklich deine Beine hinauf. Du kannst fühlen, wie locker deine Muskeln sind. Deine Waden und Oberschenkel, auch dein Gesäß, alles ist angenehm entspannt.

Atme tief ein…. und aus….

Fühle, wie deine Bauchdecke sich hebt und senkt. Auch hier sind die Muskeln ganz weich und entspannt.

Atme ein… und atme aus…

Nun spüre in deinen Rücken hinein. Wandere Wirbel für Wirbel hinauf und lasse auch rund um deine Wirbelsäule sich alle Muskeln entspannen. Ganz langsam, Wirbel für Wirbel…

Nun spüre deine Finger. Vielleicht werden sie schon ein bisschen wärmer?

Sie liegen ganz locker neben dir oder auf deinen Oberschenkeln.

Deine Hände sind ganz entspannt, auch deine Ellbogen und Oberarme. Alles ist weich und locker.

Fühle, wie sich nun auch deine Schultern und dein Nacken entspannen. Wandere in Gedanken über deinen Hinterkopf bis hin zu deiner Stirn. Sie ist ganz entspannt. Deine Augen sind sanft geschlossen, dein Kiefer entspannt sich.

Alle deine Gedanken ziehen an dir vorbei. Einige sind vielleicht etwas drängender und fordern deine Aufmerksamkeit. Auch diese schiebe sachte weiter – du hast später noch Zeit für sie.

Stelle dir vor, wie du sie vielleicht in eine Schublade steckst und diese sanft schließt.

Oder wie du sie vor die Tür schiebst und diese ebenfalls schließt. Wenn es dir hilft, kannst du die Tür auch zuschlagen.

Ganz so, wie du es magst.

(An dieser Stelle folgen die bereits bekannten Formeln, anschließend die Fantasiereise passend zur letzten Formel)

4.0   FANTASIEREISEN - SCHWERE

4.1   Die Schwereübung

Im Wasserbett

Und nun folge mir in eine Welt in deiner Fantasie.

Stelle dir vor, du bist ganz müde. Dein Tag war anstrengend, du hast viel erlebt und möchtest nun einfach nur ins Bett.

Du betrittst einen Raum.

Er ist großzügig geschnitten, hell und freundlich. Mitten in diesem Raum steht ein Bett.

Große Fensterfronten bieten dir einen wundervollen Ausblick auf die abendliche Landschaft.

Es dämmert schon und du stellst dich noch einen Moment an die Fenster und genießt den Ausblick.

Gestalte ihn dir so, wie du ihn haben möchtest.

Vielleicht schaust du von oben auf das Lichtermeer einer Großstadt? Oder du bist mitten in einem Wald. Egal was du dir aussuchst, es ist richtig.

Genieße diesen Moment der Stille, schau dir alles ganz genau an.

Nun drehst du dich herum und betrachtest das Bett einmal genauer.

4.0 FANTASIEREISEN - SCHWERE

Es scheint, als wäre es ein Wasserbett.

Du setzt dich auf die Kante und probierst das Bett aus.

Es hat für dich genau die richtige Temperatur, die Härte ist perfekt für dich.

Endlich hast du Zeit, etwas auszuruhen.

Lege dich nun auf das Bett.

Du merkst, wie du ein ganz klein wenig einsinkst, genau richtig für dich.

Deine Arme und Beine werden ganz schwer, dein Rücken sinkt tiefer, alles versinkt in diesem unglaublich bequemen Bett.

Neben dir liegt eine Decke. Sie sieht kuschelig warm aus.

Ziehe sie zu dir und fühle, wie sie sich ganz angenehm schwer auf deinen Körper legt. Sie schmiegt sich an dich bis du genau die richtige Wärme unter der Decke verspürst.

Glücklich schließt du die Augen und freust dich, der Schwere der Decke und deines Körpers nachspüren zu können.

Genieße diesen Moment…

4.0 FANTASIEREISEN - SCHWERE

Und wenn du soweit bist, werde dir langsam wieder deiner wirklichen Umgebung bewusst.

Du spürst die Matte unter deinem Rücken oder den Stuhl auf dem du sitzt. Du hörst die anderen leise atmen und du kommst wieder ganz im Hier und Jetzt an.

[Rücknahme]

In der Hängematte

Und nun folge mir in eine Welt in deiner Fantasie.

Stelle dir vor, es ist ein wundervoller Frühlingstag. Die Sonne scheint, die Vögel zwitschern, du siehst die ersten Schmetterlinge.

Überall um dich herum erwacht die Natur zum Leben. Das erste Grün des Jahres ist inzwischen satter geworden, und die ersten Blumen blühen bereits.

Zwischen zwei Bäumen hängt eine Hängematte. Sie sieht so gemütlich aus, dass du dich sofort hineinlegst.

Es ist zunächst ein bisschen schwierig, aber als du einmal deinen Platz gefunden hast, kannst du dir auf der ganzen Welt nichts Gemütlicheres vorstellen.

Du schließt deine Augen und konzentrierst dich auf das, was du wahrnehmen kannst.

Du lauschst dem Singen der Vögel. Vielleicht hörst du auch Insekten um dich herum summen. Oder eventuell spielt irgendwo leise Musik?

Lasse nun all diese Geräusche in den Hintergrund treten. Sie werden immer leiser und verschwinden langsam.

Und während es um dich herum leiser wird, sinkst du noch etwas tiefer in die Hängematte.

Konzentriere dich nun auf das, was du riechen kannst: den typischen Geruch der Bäume nach Harz vielleicht oder den letzten Regen? Vielleicht riechst du selbst auch nach Sonnencreme oder nach einem duftenden Parfüm?

Und auch alle Gerüche verschwinden langsam um dich herum, werden immer unwichtiger.

Du merkst, wie all deine Muskeln immer schwerer werden, du noch gemütlicher in die Hängematte sinkst.

Du spürst, wie dein Atem sich beruhigt, atmest tief ein… und aus…

Immer schwerer wirst du, immer tiefer sinkst du in die Hängematte und auch in diesen Zustand der Entspannung. Immer tiefer und tiefer…

Nun verweile in dieser Ruhe und Gelassenheit, die du verspürst. Genieße, wie du ganz entspannt und ruhig in der Hängematte liegst.

Und wenn du soweit bist, werde dir langsam wieder deiner wirklichen Umgebung bewusst.

Du spürst die Matte unter deinem Rücken oder den Stuhl auf dem du sitzt. Du hörst die anderen leise atmen und du kommst wieder ganz im Hier und Jetzt an.

[Rücknahme]

Ein Tauchgang

Und nun folge mir in eine Welt in deiner Fantasie.

Stelle dir vor, wie du mit einem Segelboot weit hinausfährst. Es ist perfektes Wetter, das Meer ist ganz ruhig, und gleichmäßig gleitet das Boot durch das Wasser.

Unter dir wechselt das Wasser seine Farbe. Von einem hellen Blau direkt am Strand wird es immer dunkler, nimmt ein sattes, tiefes Blau an.

Du fährst so lange, bis rund um dich herum nichts anderes mehr zu sehen ist als Wasser. Ganz ruhig ist es, als wärst du für den Moment ganz alleine auf der Welt.

Du gehst vor Anker und ziehst deinen Tauchanzug und die Sauerstoffflasche an. Rückwärts lässt du dich über Bord fallen und tauchst ein in eine noch tiefere Stille als zuvor.

Es dringt kein Geräusch mehr zu dir durch.

Vor deinen Augen sprudeln kleine Luftblasen aus deiner Kleidung an dir vorbei nach oben.

Das Sonnenlicht flutet durch die Wasseroberfläche, so dass du alles um dich herum gut sehen kannst.

Verhalte dich ganz still, bewege dich nicht und warte ab…

Und nach einiger Zeit tauchen die ersten kleinen Fische auf und schwimmen neugierig um dich herum. Sie sind ganz bunt und haben vielerlei Gestalt. Ganz friedlich gleiten sie durch das Wasser.

Du bleibst einfach dort und merkst, wie sich eine entspannte Schwere in dir ausbreitet. Genieße dieses Gefühl, diesen Anblick einen Moment.

Und dann lasse dich ein wenig tiefer ins Wasser sinken. Die kleinen Fische lasse hinter dir und sinke so weit, bis du an einem Riff ankommst.

Wunderschöne Korallen finden sich an diesem Riff. In allen Formen und Farben, über und über sind die Steine bedeckt von ihnen.

Schwimme ein wenig umher, betrachte alles um dich herum und spüre, wie du dich noch ein wenig schwerer fühlst. Diese Schwere ist sehr entspannend und lässt dich träge durch das Wasser gleiten.

Nun mache dich noch ein wenig schwerer, sinke noch ein wenig weiter herab. Am Fuß des Riffs geht es weiter hinunter, sinke einfach an diesem Hang entlang, immer weiter und weiter. Mache dich so schwer, dass du eine Zone erreichst, in der es dunkel wird. Dort, in der Dämmerung zwischen hell und dunkel, halte an.

Um dich herum sind alle Farben verschwunden, alles ist nur noch in Grautönen gehalten. Aber dennoch siehst du hier Leben.

Überall um dich herum wirbeln kleinste Lebewesen im Wasser. Wenn du genau hinschaust, kannst du sie genauer erkennen. Wie winzige Krebse sehen sie aus. Auch etwas größere Fische siehst du unter dir, diese bleiben aber in der Dunkelheit, dort, wo sie sich am wohlsten fühlen.

Und in dir breitet sich ein tiefer Frieden aus.

Du genießt die Schwere in dir, die Stille um dich herum, die Dämmerung, auch die Abwesenheit von Farben, die alles noch ein wenig einfacher, reduzierter und entschleunigter wirken lässt.

Halte inne und sauge diese Empfindungen in dich auf…

Und dann, wenn du meinst, dass es an der Zeit ist, steige langsam wieder auf. Lasse dir Zeit dafür, betrachte, wie es langsam wieder heller um dich wird. Wenn du ganz still bleibst, dich nur minimal bewegst, wirst du auch schnell wieder umringt von den Bewohnern des Meeres. Immer farbenprächtiger werden sie.

Du lässt auch das Riff mit all seinen Korallen hinter dir, steigst immer weiter hinauf – bis du durch die Wasseroberfläche brichst.

Die Sonne scheint auf dich hinab, wärmt dich noch zusätzlich.

Zufrieden mit dem Tauchgang, entspannt und glücklich steigst du wieder in dein Boot.

Und wenn du soweit bist, werde dir langsam wieder deiner wirklichen Umgebung bewusst.

Du spürst die Matte unter deinem Rücken oder den Stuhl auf dem du sitzt. Du hörst die anderen leise atmen und du kommst wieder ganz im Hier und Jetzt an.

[Rücknahme]

4.2   Die Wärmeübung

Am Strand

Und nun folge mir in eine Welt in deiner Fantasie. In eine Welt, die du dir so gestalten kannst, wie du sie magst.

Stelle dir vor, du läufst über eine Düne. Der Sand ist schön warm unter deinen Füßen.

Die Sonne scheint auf dich herab, ganz angenehm warm. Dabei weht ein ganz leichter Wind.

Du spürst ihn kaum, du hörst nur ein leises Rauschen um dich herum. Ganz leise...

Langsam kommst du an den Kamm der Düne. Du weißt nicht, was sich dahinter befindet. Du machst die letzten Schritte und stehst nun oben.

Vor dir erstreckt sich ein wunderschöner weißer Sandstrand. Dahinter das Meer, fast regungslos, nur ein paar kleine Wellen plätschern an den Strand.

Vielleicht stehen auch ein paar Palmen an diesem Strand? Oder du siehst in weiter Ferne einige Menschen? Eventuell steht auch ein Leuchtturm an deinem Strand?

Wenn du magst, kannst du auch ein paar dicke Steine dorthin legen.

Gestalte den Strand vor deinem inneren Auge so, wie du ihn haben möchtest.

Es ist deine Entscheidung, ob du einen Karibik-Strand oder die Nordsee vor dein inneres Auge holst, alles ist ganz in Ordnung, wenn du dich wohl fühlst.

Nun gehst du die Düne hinunter ans Wasser.

Direkt vor dir ist es klar und durchsichtig. Vielleicht siehst du ein paar kleine Fische, die verspielt um deine Füße tanzen? Oder ein paar Algen, die träge durch das Wasser treiben?

Denke daran, es ist deine Welt – du entscheidest, wie sie aussieht.

Wenn du Richtung Horizont blickst, siehst du, wie das Wasser seine Farbe verändert. Direkt bei dir ist es klar, je weiter hinaus du schaust, desto dunkler und blauer wird es.

Ein wunderschönes Bild.

Du entscheidest, dich ein wenig auszuruhen.

Gehe ein paar Schritte zurück und lege dich in den Sand. Du sinkst ein klein wenig ein. Der Sand umschließt dich, ganz angenehm warm.

Du merkst, wie die Wärme dir hilft, dich zu entspannen.

Deine Arme und Beine werden ganz schwer und versinken noch um ein paar Millimeter.

Du musst dich nicht sorgen, es ist, als würde dich der Sand umarmen und willkommen heißen.

Wenn du magst, kannst du den Sand durch deine Finger rieseln lassen oder deine Füße in den Sand graben.

Du spürst, wie dein Rücken sich in dieser Wärme rekelt und du die Wärme und Entspannung genießt.

Von oben scheint die Sonne auf dein Gesicht, deinen Bauch, deine Arme und Beine. In einer Temperatur, die du ganz angenehm findest.

Lausche dem leisen Rauschen der Wellen.

Vielleicht hörst du auch Vögel über dir?

Vielleicht trägt der Wind ein paar Gesprächsfetzen zu dir?

Vielleicht genießt du aber auch einfach nur die Stille?

Verweile noch etwas in diesem Augenblick…

Und wenn du soweit bist, verabschiede dich von deinem Strand, dem Meer, allem, was du dir vorgestellt hast, und werde dir langsam wieder deiner wirklichen Umgebung bewusst.

4.0   FANTASIEREISEN - WÄRME

Du spürst die Matte unter deinem Rücken oder den Stuhl auf dem du sitzt. Du hörst die anderen leise atmen und du kommst wieder ganz im Hier und Jetzt an.

[Rücknahme]

Sauna

Und nun folge mir in eine Welt in deiner Fantasie.

Stelle dir vor, du bist hoch oben im Norden.

Du wanderst durch den Schnee, betrachtest den Glanz der Sonnenstrahlen auf der weißen Oberfläche. Um dich herum ist es wunderbar still, als wäre die Welt in Watte gehüllt.

Du erreichst einen kleinen Wald. Die Wipfel der Nadelbäume sind ebenfalls schneebedeckt – mit einem leisen Rascheln fällt hin und wieder etwas davon auf den Boden… wirbelt auf… und glitzert wie Puder.

Ganz gemächlich gehst du weiter, beobachtest, wie dein Atem vor deinem Gesicht zu Wolken wird, bis du an einer kleinen Holzhütte ankommst.

Du betrittst sie und sofort empfängt dich eine wohlige, heimelige Wärme. Du befindest dich in einer Art Vorraum. Genug Platz, deine dicke Kleidung abzulegen, deine Tasche abzustellen.

Neugierig öffnest du anschließend die nächste Tür. Es scheint dir noch ein wenig wärmer zu werden und du befindest dich in einer Umkleide. Gegenüber siehst du eine weitere Tür, daran ein uriges Holzschild mit der Gravur: „Sauna – tritt ein und sei herzlich willkommen."

Du entkleidest dich, nimmst dir eins der flauschigen Handtücher, die überall bereitliegen, und trittst durch die nächste Tür.

Mit dem Anblick hast du nicht gerechnet. Nicht nur, dass du die Sauna ganz allein für dich hast, sie ist auch noch viel größer, als die Hütte von außen vermuten ließ. Verschiedene Bereiche laden zum Verweilen ein:

Eine Holzbank, geschnitzt aus einem einzigen Baum, an einem Feuer. Regelmäßig fließt hier aus einem verborgenen Mechanismus Wasser auf das Feuer und verbreitet einen angenehmen Geruch nach Fichtenholz.

Ein Stück weiter kannst du auf warmen Steinstufen liegen, die Füße in einen kleinen Pool halten und den Geruch nach Seewasser genießen. Leise hörst du das Schreien von Möwen und das Rauschen von Wellen.

Ein dritter Bereich ist ganz aus Erde modelliert. Du liegst auf einem sanft geschwungenen Hügel aus feiner Erde, über dir scheint die Sonne auf dich herab, einige Pflanzen sind kunstvoll um dich herum dekoriert, es riecht nach Erde und warmem Regen.

Ein vierter Platz ist ganz weiß und leer, hier kannst du dir, wenn du magst, eine ganz eigene Welt erschaffen.

Such dir nun einen dieser vier Plätze aus und genieße die Ruhe und Wärme an diesem Ort.

Vielleicht sitzt du am Feuer und lauschst dem Knistern der Flammen und dem gelegentlichen Zischen des Wassers?

Oder liegst du auf einem warmen Stein am Pool und riechst die See?

Vielleicht genießt du aber auch den erdigen Hügel, die Wärme der Sonne?

Oder du hast dir deine ganz eigene, wohlig warme Welt erschaffen?

Genieße den Moment…

Und nach einer Weile, vollgetankt mit Wärme und Energie, verlässt du die Sauna und kleidest dich wieder an.

Und wenn du soweit bist, verabschiede dich von der Sauna und werde dir langsam wieder deiner wirklichen Umgebung bewusst.

Du spürst die Matte unter deinem Rücken oder den Stuhl auf dem du sitzt. Du hörst die anderen leise atmen und du kommst wieder ganz im Hier und Jetzt an.

[Rücknahme]

Das Feuer

Und nun folge mir in eine Welt in deiner Fantasie.

Stelle dir vor, du kannst, wann immer du möchtest, in eine Zauberwelt reisen. In dieser Zauberwelt herrscht klirrende Kälte vor, aber es gibt auch wundervolle kleine Feuer. Diese brennen nicht wie in unserer Wirklichkeit, sondern spenden eine magische Wärme.

Reise nun also in Gedanken in diese Zauberwelt. Wie du dorthin gelangst, entscheidest du. Vielleicht durch das Schließen deiner Augen und indem du ganz fest an diese Welt denkst? Oder du kannst durch einen Spiegel treten und so in die andere Welt gelangen?

Ganz so, wie es sich für dich richtig anfühlt, betrittst du nun die Zauberwelt.

Sofort empfängt dich eisige Kälte. Du fühlst, wie sich die Haare auf deinen Armen aufstellen, du eine richtige Gänsehaut bekommst. Eine dicke Schneedecke hat sich auf diese Welt gelegt.

Zügig gehst du los und schaust, ob du eins der Feuer siehst. Unter deinen Füßen knirscht der Schnee.

Aus einer kleinen, verlassenen Hütte dringt ein gelb-roter Schein, dort wirst du fündig werden.

An der Tür der Hütte angekommen halte noch einmal inne. Spüre der Kälte nach, lausche dem Fallen des Schnees in deine Fußstapfen, wie sich die ganze Welt anhört, als wäre sie in Watte gepackt.

Nun öffne die Tür und betrete die Hütte.

Schnell merkst du, wie sich Wärme um dich herum ausbreitet.

Ziehe deine Handschuhe aus, nimm dir eins der Feuer von dem kleinen Holztisch vor dir und halte es in deinen Händen. Merke, wie diese aufwärmen, wie sich ein leichtes Kribbeln in deinen Fingerspitzen ausbreitet. Ganz leicht und angenehm.

Nun ziehe deine Schuhe aus und stelle deine Füße auf zwei weitere der kleinen Feuer. Spüre auch hier nach, wie sich dieses angenehme Kribbeln in deinen Fußsohlen ausbreitet, in den Zehen und im ganzen Fuß.

Langsam zieht die Wärme nach oben, erreicht deine Waden, deine Knie, deine Oberschenkel. Alles wird ganz warm und weich.

Das Feuer in deinen Händen verbreitet seine Wärme nun auch in deinen Unterarmen, deinen Oberarmen, deinen Schultern.

Nimm nun ein weiteres Feuer und stecke es unter deinen Pullover, lege es auf deinen Bauch.

Das Feuer auf deinem Bauch strahlt kreisförmig aus – immer größer wird der Kreis, verbreitet eine wohlige Wärme in deinem Bauch, deiner Brust, zieht ganz durch dich hindurch und wärmt auch deinen Rücken.

In deinem Nacken treffen sich die Wärmepunkte aus dem Bauch und aus den Händen, in deinem Unterleib die aus dem Bauch und den Füßen.

Die Ströme vereinigen sich, werden stärker und stärker, dein ganzer Körper ist angenehm warm... prickelnd... lebendig.

Schließe die Augen und fühle in dich hinein, fühle, wie diese angenehme, starke Wärme dich durchströmt, die Kälte von draußen vollständig aus dir vertreibt, sich in dir ausbreitet und dich wohlig warm und entspannt macht.

Atme tief ein und aus und genieße diesen Zustand.

Und auf dem gleichen Weg, auf dem du diese Welt betreten hast, kannst du nun auch direkt aus der Hütte wieder zurück. Gehe zum Spiegel und tritt hindurch, denke an diese Welt, was auch immer du dir vorgestellt hast, und dann komme zurück, werde dir langsam wieder deiner wirklichen Umgebung bewusst.

4.0   FANTASIEREISEN - WÄRME

Du spürst die Matte unter deinem Rücken oder den Stuhl auf dem du sitzt. Du hörst die anderen leise atmen und du kommst wieder ganz im Hier und Jetzt an.

[Rücknahme]

4.3   Die Atemübung

Auf dem Berggipfel

Und nun folge mir in eine Welt in deiner Fantasie.

Stelle dir vor, du bist in einem wunderschönen Gebirge.

Es ist traumhaftes Wetter, nicht zu warm und nicht zu kalt.

Überall um dich herum liegen große und kleine Steine, Blumen und Gräser umgeben dich und gigantische Berge erheben sich vor deinen Augen.

Du läufst auf den Gipfel zu und immer wieder kommst du auf deinem Weg an wunderschönen Wiesen vorbei.

An der letzten Wiese vor dem Gipfel machst du eine kleine Pause.

Betrachte die Wiese genauer. Sieh all die kleinen Blumen, die auf ihr wachsen, die unterschiedlichen Grüntöne der Gräser, vereinzelte kleine Bäume.

Die Luft ist wunderbar klar und still, alle Geräusche, auch von weit weg, werden nur leise zu dir getragen.

Du hörst Vögel zwitschern, das Summen der Insekten in der Wiese vor dir, den leisen Wind, der sich an den Felsen bricht.

Genieße diesen Anblick noch einen Moment.

Und dann gehst du die letzten paar Meter Richtung Gipfel.

Der Ausblick, der sich dir in alle Richtungen bietet, ist spektakulär.

Weite Täler, kleine Wälder, Dörfer, die von hier oben winzig erscheinen.

Die Luft, die du atmest, hast du so noch nie wahrgenommen.

Ganz klar, ein klein wenig kühl strömt sie mit jedem Einatmen in deine Lungen und kommt angenehm warm wieder heraus.

Die atmest tief ein….

und aus…

noch einmal ein…

und wieder aus.

Noch nie hast du dich so erfrischt gefühlt wie von dieser Bergluft.

Sie riecht angenehm, nach Blumen und Gras und Frische und Weite.

Atme noch ein paar Mal tief ein und aus und nimm so viel von der Luft auf wie du kannst.

Genieße diesen Augenblick so lange du magst…

Und wenn du soweit bist, werde dir langsam wieder deiner wirklichen Umgebung bewusst.

Du spürst die Matte unter deinem Rücken oder den Stuhl auf dem du sitzt. Du hörst die anderen leise atmen und du kommst wieder ganz im Hier und Jetzt an.

[Rücknahme]

Eine Lichtung im Wald

Und nun folge mir in eine Welt in deiner Fantasie. In einen hellen, freundlichen Wald.

Du läufst zwischen den Bäumen umher und genießt die Ruhe um dich herum.

Wenn du die Augen schließt, hörst du das leise Zwitschern der Vögel, das Rauschen des Windes in den Baumkronen, gelegentlich ein Rascheln im Gebüsch neben dir.

Alles ist ganz friedlich.

Nach einer Weile gelangst du zu einer Lichtung. Die Sonne scheint auf sie herab, und du siehst, dass sie vollständig von Moos bewachsen ist.

Stelle dir vor, wie du dir am Rand der Lichtung deine Schuhe und deine Strümpfe ausziehst.

Mache nun ganz bewusst die ersten Schritte auf die Lichtung.

Fühle, wie deine Fußsohlen im weichen Moos einsinken. Ein wenig feucht und kühl ist es, perfekt im Zusammenspiel mit der Sonne, die dich von oben wärmt.

Du merkst, wie sich das Moos auch zwischen deine Zehen drückt, ganz weich.

4.0 FANTASIEREISEN - ATMUNG

Während du über die Lichtung läufst, bemerkst du den Geruch, der vom Boden aufsteigt.

Vielleicht riecht es so, wie du dir den Geruch von Wald vorstellst? Vielleicht ein bisschen nach dem letzten Regen? Oder vielleicht einfach nur frisch und nach Natur?

Nimm diesen Geruch tief in dich auf.

Atme tief ein…und aus…

Bei jedem Einatmen versuche, ein wenig des Geruchs in dir zu bewahren, ihn dir für später genau einzuprägen.

Jedes Einatmen wird ein wenig tiefer, jedes Ausatmen ein wenig länger.

Atme tief ein…und aus…

Genieße die Ruhe um dich herum, die leisen Geräusche, den herrlichen Geruch, und nimm all das noch eine kleine Weile für dich wahr.

Und wenn du soweit bist, werde dir langsam wieder deiner wirklichen Umgebung bewusst.

Du spürst die Matte unter deinem Rücken oder den Stuhl auf dem du sitzt. Du hörst die anderen leise atmen und du kommst wieder ganz im Hier und Jetzt an.

[Rücknahme]

Ein Winterabend

Und nun folge mir in eine Welt in deiner Fantasie.

Stelle dir vor, du bist abends unterwegs. Die Straße um dich herum ist menschenleer. Es wird langsam dunkel und in den Häusern um dich herum gehen die Lichter an.

Stille legt sich über die Stadt und nur das warme Licht aus den Fenstern um dich herum erhellt die Straßen.

Bleibe stehen und schau nach oben – erste kleine Schneeflocken fallen vom Himmel. Durch das Licht angestrahlt wirken sie wie kleine Sterne die vom Himmel fallen. Immer mehr sind es, immer größere und schönere Flocken. Um dich herum bleiben sie liegen, bilden eine dünne weiße Decke auf der Straße, den Dächern, den Fensterbänken. Und so versinkt die Welt nach und nach in Weiß.

Es scheint, als würden die Schneeflocken auch die letzten Geräusche mitnehmen, so still ist es um dich herum.

Eine unwirkliche Stimmung breitet sich in dir aus. Als könnte jeden Moment etwas Unglaubliches passieren.

Da taucht vor dir ein kleines Licht auf, schwebt in der Luft, und eine Stimme bittet dich, die Augen zu schließen. Sie klingt so sanft, so vertraut, dass du ihrer Bitte folgst und die Augen schließt.

„Und nun", sagt die Stimme, „atme tief ein."

Und genau das machst du.

Und auf einmal kannst du den Schnee riechen. Kühl riecht er, ein wenig eisig sogar. Aber auch frisch und irgendwie weiß. Der typische, reine Geruch nach Schnee. Mit jedem Atemzug breitet er sich weiter in dir aus. Scheint dich von innen zu reinigen.

Atme ein…
und atme aus…

Und dann kommt ein neuer Geruch hinzu. Der Geruch nach einem warmen Kaminfeuer. Der einzigartige Geruch nach brennendem Holz, fast ist es, als könntest du das Knistern der Flammen hören.

Atme ein…
und atme aus…

Und beim nächsten Atemzug nimmst du einen weiteren Geruch wahr: Den Geruch nach Orangen. Warm und sonnig riecht es, aber auch schon ein bisschen nach Weihnachten. Nach Früchtepunsch und Gemütlichkeit.

Atme ein…
und atme aus…

Ein weiterer Geruch kommt hinzu: Der Geruch nach Gebäck. Spekulatius oder Lebkuchen, selbstgebackenen Plätzchen vielleicht oder nach Zimtsternen oder Vanillekipferln, dein ganz persönlicher Lieblingsduft erfüllt mit einem Mal die Luft.

Und du atmest ein und aus, nimmst den Geruch von Winter und Schnee, Gemütlichkeit, Wärme und Leckereien wahr. Verliere dich in diesem Duft, in diesen Erinnerungen und atme dabei tief ein... und aus...

Ein...

Und aus...

Und wenn du soweit bist, werde dir langsam wieder deiner wirklichen Umgebung bewusst.

Du spürst die Matte unter deinem Rücken oder den Stuhl auf dem du sitzt. Du hörst die anderen leise atmen und du kommst wieder ganz im Hier und Jetzt an.

[Rücknahme]

4.4   Die Herzübung

In der Höhle

Und nun folge mir in eine Welt in deiner Fantasie.

Stelle dir vor, du stehst in der Wüste vor dem Eingang einer Höhle.

Die Öffnung ragt dunkel vor dir auf. Du verspürst Neugierde, was dich im Inneren erwartet.

Es scheint, als würde die Höhle dich kennen, als würde sie dich willkommen heißen.

Langsam betrittst du die Dunkelheit.

Bleibe einen Moment stehen und warte, bis deine Augen sich daran gewöhnt haben.

Du kannst nun Umrisse erkennen. Genau so viel, dass es reicht, um dich zu orientieren und langsam weiter zu gehen.

Du fühlst dich ganz wohl in der Umgebung. Die Höhle ist angenehm warm und je weiter du dich vom Eingang entfernst, desto stiller wird es. Die Ruhe legt sich wie eine Decke um dich – du fühlst dich ganz sicher und geborgen.

Noch etwas weiter, im Inneren der Höhle, findest du einen Felsen, der wie ein Liegestuhl geformt ist. Auf diesem liegen eine weiche, bequeme Unterlage und eine dicke, kuschelige Decke.

Du legst dich auf den Felsen und deckst dich zu.

Langsam wird es ein wenig dunkler um dich herum, gleichzeitig verändert sich das Licht. Es wird gelblicher, wohlig warm, als würde in der Höhle eine ganz kleine Sonne nur für dich scheinen und dich wärmen.

Du fühlst dich sicher und geborgen in deiner neuen Umgebung.

Langsam schließt du die Augen und konzentrierst dich auf deine anderen Sinne.

Du riechst – nichts

Du hörst – nichts

Du siehst – nichts

Du schmeckst – nichts

Du nimmst nur die Unterlage wahr, auf der du liegst.

Und während du deine Sinne ausmachen darfst, weil du sie grade nicht brauchst, nimmst du deinen Herzschlag wahr. Ganz ruhig und gleichmäßig schlägt dein Herz.

Kraftvoll und zuverlässig schickt es das Leben durch deinen Körper.

Spüre nach, wie du von Kopf bis Fuß vom Leben durchströmt wirst.

Wärme breitet sich aus, und du bist glücklich und zufrieden damit, nur deinem Herzschlag zu lauschen.

Genieße diesen Moment…

Und wenn du soweit bist, werde dir langsam wieder deiner wirklichen Umgebung bewusst.

Du spürst die Matte unter deinem Rücken oder den Stuhl auf dem du sitzt. Du hörst die anderen leise atmen und du kommst wieder ganz im Hier und Jetzt an.

[Rücknahme]

Am Meer

Und nun folge mir in eine Welt in deiner Fantasie an einen ruhigen Strand.

Du merkst, dass vor kurzer Zeit noch ein Sturm über das Meer gefegt sein muss.

Das Wasser ist noch ganz aufgewühlt, die Wellen sind von Schaumkronen bedeckt.

Der Anblick ist beeindruckend, und die ganze Kraft der Natur wird dir bewusst.

Als die Sonne sich zwischen den letzten verbliebenen Wolken hervorwagt, entscheidest du, ein wenig zu verweilen.

Du suchst dir einen großen, trockenen Stein am Strand und setzt dich darauf.

Die Wolkendecke reißt immer weiter auf, der Wind vertreibt die Wolken nach und nach.

Du lehnst dich zurück und schließt deine Augen.

Du riechst das Salzwasser, hast den Geschmack auf den Lippen und hörst das Tosen der Wellen.

Wenn du in dich hineinfühlst, stellst du fest, dass dein Herz ganz im Einklang mit der Natur schlägt.

Kräftig hat es sich dem Rhythmus der Wellen angepasst, jeder Schlag wie eine Welle, die das Land trifft.

Ein beständiger, sicherer Rhythmus.

Und so, wie sich der Wind immer weiter legt, werden auch die Wellen langsamer.

Lausche in dich hinein, höre, wie dein Herzschlag sich den Wellen anpasst.

Tu-dum, tu-dum, immer ein klein wenig langsamer.

Tu-dum, tu-dum…

Und irgendwann hat dein Herzschlag den perfekten Takt mit dem nur noch sanften Rauschen der See gefunden.

In absolutem Einklang mit der Natur liegst du da, dein Herz schlägt ganz regelmäßig, kräftig, versorgt dich mit Leben.

Und du genießt diese Harmonie, wirst mehr und mehr Eins mit deiner Umgebung, wirst ein Teil davon und hörst nur noch auf diesen perfekten Rhythmus.

Tu-dum, tu-dum…

Genieße diesen Moment…

Und wenn du soweit bist, werde dir langsam wieder deiner wirklichen Umgebung bewusst.

Du spürst die Matte unter deinem Rücken oder den Stuhl auf dem du sitzt. Du hörst die anderen leise atmen und du kommst wieder ganz im Hier und Jetzt an.

[Rücknahme]

Trommeln

Und nun folge mir in eine Welt in deiner Fantasie.

Stelle dir vor, du befindest dich mitten in einem Urwald. Auf deiner Wanderung triffst du einen weisen alten Mann, der schon ewig zu leben scheint und lächelnd und gelassen alle deine Fragen beantwortet hat.

Trotz seines augenscheinlichen Alters wirkt er unheimlich jung und vital auf dich, und du fragst ihn, wie er das geschafft hat.

Und er lächelt und bittet dich, die Augen zu schließen, er wolle es dir zeigen.

Also lehnst du dich zurück, schließt deine Augen und wartest ab, was geschieht.

Aber statt, dass der alte Mann zu sprechen beginnt, hörst du auf einmal eine Trommel spielen. Ein schneller Rhythmus, anregend und vitalisierend, aber auch ein wenig hektisch und aufregend.

Du erkennst, dass die Trommeln genau widerspiegeln, wie es dir aktuell geht. Sogar deinen Herzschlag treffen sie genau, scheinen sich ihm anzupassen, im gleichen Takt zu schlagen.

Die Trommeln werden immer lauter, übertönen alle anderen Geräusche, vertreiben alle deine Gedanken, bis es nur noch dich und diesen Rhythmus gibt.

Lausche ihm, lasse dich einen Moment mitreißen.

Ganz langsam, fast unmerklich werden die Schläge langsamer. Immer ein wenig langsamer und auch leiser. Noch etwas langsamer.

Und du kannst spüren, wie sich nun dein Herz an den Rhythmus der Trommeln anpasst. Es schlägt kräftig und gesund und immer langsamer.

Und je ruhiger und gleichmäßiger die Trommeln sind… und dein Herz schlägt…, um so ruhiger und gelassener wirst auch du.

Ganz entspannt kannst du nun daliegen. Lauschst den Trommeln, deinem eigenen Herzschlag und genießt diesen Zustand der absoluten Entspannung.

Keine Gedanken, keine Sorgen, keine Störungen, nur du und dein ruhiger, kräftiger, lebendiger Herzschlag.

Und dann, ganz langsam kommst du wieder zu dir, öffnest du Augen und siehst den Alten lächelnd vor dir sitzen. Und du verstehst…

Und nun werde dir langsam wieder deiner wirklichen Umgebung bewusst.

Du spürst die Matte unter deinem Rücken oder den Stuhl auf dem du sitzt. Du hörst die anderen leise atmen und du kommst wieder ganz im Hier und Jetzt an.

[Rücknahme]

4.5   Die Sonnengeflecht-Übung

Die Tee-Zeremonie

Und nun folge mir in eine Welt in deiner Fantasie, in eine Welt weit weg von uns.

Stelle dir vor, du stehst vor einem japanischen Tempel in einem wunderschönen Garten. Du wirst begleitet von einem Mönch. Er strahlt Ruhe und Gelassenheit aus, die sich auf dich überträgt.

Gemeinsam wandelt ihr auf einem Weg durch den Garten in Richtung eines wunderschönen kleinen Pavillons. In diesem Pavillon steht eine Bank, auf der du Platz nehmen darfst.

Vor dir steht ein kleines Becken aus Stein, in das der Mönch etwas Wasser gießt.

Mit diesem Wasser darfst du dir nun deine Hände und deinen Mund waschen.

Das Wasser ist ganz klar und rein, und du merkst, wie es deine Sorgen fortspült.

Nun bedeutet dir der Mönch, ihm zu folgen.

Ihr geht auf ein kleines Teehaus zu. Der Eingang ist so niedrig, dass du dich auf die Knie niederlassen musst, um durch ihn hindurch in das Teehaus zu gelangen.

Diese kleine Geste erfüllt dich mit einem tiefen Respekt vor dem, was folgen wird.

Der Mönch entzündet ein kleines Feuer und stellt darüber ein Gefäß mit Wasser.

Die Wärme des Feuers breitet sich wohlig im Raum aus und du genießt die Stille und Ruhe, mit der der Mönch alle Utensilien herbeibringt, die er für die Zeremonie benötigt.

Als alles vorbereitet ist, gießt der Mönch den Tee mit dem heißen Wasser auf und reicht ihn dir.

Du betrachtest die zarte Tasse, in der sich dein Tee befindet. Blumenornamente schmücken die Tasse, sie sieht ganz zerbrechlich aus. Der Tee ist von einem angenehmen, dunklen Rot.

Nun riechst du an dem Tee. Ein wundervoller Geruch breitet sich aus, genau wie du ihn von deinem Tee magst.

Du spürst die Wärme der Tasse in deinen Händen. Sie breitet sich durch deine Arme in deinen ganzen Körper aus.

Nun nimmst du einen ersten Schluck des Tees. Ein wunderbarer Geschmack breitet sich in deinem Mund aus. Du spürst den warmen Tee deine Kehle hinabrinnen bis in deinen Magen.

Stelle dir vor, dass du den Weg des Tees sehen kannst. Er breitet sich in deinem Bauch aus. Wärme und Glück strömen aus deinem Bauch heraus in deinen ganzen Körper.

Du kannst fühlen, wie sich alles in dir entspannt.

Schau an dir hinab und sieh, wie du von einem warmen, kräftigen Rot durchströmt wirst.

Die Quelle liegt in deinem Bauch, und von dort aus verteilt sich das Rot durch deinen ganzen Körper. Je weiter es fließt, desto mehr Glück und Kraft verspürst du – es ist, als würde deine Energie neu aufgeladen.

Spüre nach, wie der Tee deinen ganzen Körper erreicht, bis in die Zehen, bis in die Fingerspitzen.

Und wenn du soweit bist, bedanke dich bei dem Mönch für diese einzigartige Erfahrung.

Und nun werde dir langsam wieder deiner wirklichen Umgebung bewusst.

Du spürst die Matte unter deinem Rücken oder den Stuhl auf dem du sitzt. Du hörst die anderen leise atmen und du kommst wieder ganz im Hier und Jetzt an.

[Rücknahme]

Das Problemkissen

Und nun folge mir in eine Welt in deiner Fantasie.

Stelle dir vor, jemand hätte etwas ganz Neues erfunden: Das Problemkissen.

Dieses Kissen kannst du mit all deinen Sorgen und Nöten füllen, mit all deinen Ängsten, deiner Trauer und deinem Schmerz.

Stelle dir vor, wie du dich dafür auf eine bequeme Unterlage legst. Das Kissen liegt auf deinem Bauch. Erschrick nicht, denn mit diesem Kissen hat es eine ganz besondere Bewandtnis: Je voller das Kissen ist, desto leichter wird es. Im Moment liegt es also noch ganz leer und schwer auf deinem Bauch.

Schließe nun also deine Augen und konzentriere dich ganz auf das Kissen. Und dann nimm einen kleinen Gedanken, der dich belastet und stelle dir vor, wie du ihn in das Kissen steckst. Merkst du, wie es ein ganz klein wenig leichter auf deinem Bauch liegt?

Nun nimm eine weitere negative Emotion und stecke sie ebenfalls in das Kissen. Und wieder wird es ein klein wenig leichter.

Versuche es nun einmal mit einer größeren belastenden Erinnerung. Etwas, das du gerne weniger präsent haben möchtest. Und spüre nach, wie das Kissen noch etwas weniger schwer auf dir lastet.

Nun nimm dir etwas Zeit und schiebe immer mehr Sorgen und Nöte in das Kissen.

Mach es richtig voll, quetsche auch bis in die letzte Ecke all deine negativen Emotionen.

Und auf einmal merkst du, wie das Kissen langsam ein Stück von dir abhebt. Der Druck ist von einem Moment auf den anderen verschwunden, du kannst befreit ein- und ausatmen. Der gesamte Bauchraum fühlt sich frei und leicht an. Spüre, wie sich deine Bauchdecke hebt und senkt, ganz leicht, wie von alleine.

Und das Kissen schwebt vor deinen Augen davon. Nimmt all deine Sorgen, den ganzen Stress und Druck einfach mit sich und verschwindet langsam am Horizont.

Keine Sorge, es wird ein wenig Zeit brauchen, um sich zu leeren, und kommt dann zu dir zurück.

Du selbst genieße noch einen Moment der Leichtigkeit, atme tief ein und aus und spüre der Wohligkeit nach.

Und dann werde dir langsam wieder deiner wirklichen Umgebung bewusst.

Du spürst die Matte unter deinem Rücken oder den Stuhl auf dem du sitzt. Du hörst die anderen leise atmen und du kommst wieder ganz im Hier und Jetzt an.

⌜Rücknahme⌟

Energie

Und nun folge mir ein eine Welt in deiner Fantasie.

Stelle dir vor, durch deinen gesamten Körper ziehen sich Energiebahnen. Sie durchlaufen deinen ganzen Körper, von Kopf bis Fuß, bis in die Zehen und in die Fingerspitzen.

Und jede einzelne dieser Energiebahnen hat ihren Ursprung in deinem Bauch, im Sonnengeflecht.

Spüre in dich hinein, in deinen Bauch, und spüre dort die Energie. Du kannst dir auch vorstellen, dass du die Energie sehen kannst, als Farbe, vielleicht in einem warmen Rot? Oder einem dunklen Blau? Schau hin, wie du sie siehst.

Die Energie ballt sich in deinem Bauchraum und pulsiert dort, warm und lebendig. Halte sie kurz dort fest, betrachte, wie die Energie, das pure Leben, dich durchströmen will.

Und dann lasse sie los. Schau, wie sie sich in deinem ganzen Körper ausbreitet. Sie fließt in deine Schultern, hinab in deine Arme, deine Hände, deine Finger.

Durch deine Oberschenkel und Waden bis in deine Füße und Zehen.

Deinen Rücken hinauf, an der Wirbelsäule entlang und bis in deinen Kopf.

Nimm aber auch wahr, wie sie nicht einfach aus deinem Bauch, deinem Sonnengeflecht, verschwindet. Dort entsteht immer neue Energie. Sie ist unendlich, schwindet niemals, wird dich immer weiter und weiter mit Leben versorgen.

Und dein gesamter Bauchraum pulsiert von dieser Energie, ist aufgeladen und lebendig, dabei ganz warm und weich und frei.

Du atmest tief ein und leitest noch mehr Energie in deinen Bauchraum und beim Ausatmen verteilst du sie bewusst in deinem Körper. Folge den Bahnen, die sie durchströmt, dem Fluss des Lebens durch dich hindurch.

Du bist entspannt und glücklich, gelassen und frei, atmest entspannt ein und aus und genießt diesen Zustand absoluten Glücks.

Und dann werde dir langsam wieder deiner wirklichen Umgebung bewusst.

Du spürst die Matte unter deinem Rücken oder den Stuhl auf dem du sitzt. Du hörst die anderen leise atmen und du kommst wieder ganz im Hier und Jetzt an.

[Rücknahme]

4.6   Die Stirnkühle-Übung

Die Gedankenkiste

Und nun folge mir in eine Welt in deiner Fantasie.

Begib dich in deinen Kopf. Stelle ihn dir vor wie einen riesigen Raum.

Überall an den Wänden stehen riesengroße Schränke, über und über voll mit Schubladen.

Es gibt große Schuladen und kleine, ganz winzige und riesengroße.

All   diese   Schubladen   sind: du. All deine Erfahrungen, Erlebnisse, Gedanken und Gefühle sind hier verstaut.

Einige Schubladen sind ganz nah bei dir, das sind die Gedanken, die du kürzlich erst erfahren hast oder die dir besonders im Gedächtnis geblieben sind.

Andere sind ganz weit weg, fast nicht mehr sichtbar und du weißt nicht, was sich in diesen Schubladen befindet.

Nun lasse alle Gefühle in dir zu:

Die positiven, leichten, fröhlichen Gefühle,

aber auch die negativen, schweren, bedrückenden.

Denke immer daran: du bist in deinem Kopf, du ganz allein darfst entscheiden, was hier passiert.

Stelle dir nun vor, wie du eine riesige Kiste in die Mitte des Raums stellen kannst.

In dieser ist genug Platz für alle Gedanken, die dich gerade bedrücken, alle negativen Emotionen, alles, was du in diesem Moment loswerden möchtest.

Und du befiehlst den Schubladen mit deinen aktuellen Sorgen, sich zu öffnen.

Überall um dich herum beginnt ein Schaben und Kratzen, als sich all diese Schubladen öffnen.

Vielleicht auch ein paar mehr, derer du dir aktuell gar nicht bewusst warst.

Und nun befiehl den negativen Emotionen, sich aus den Schubladen zu erheben und in die Kiste zu fliegen.

Und du schaust in der Zeit auf all die tausenden und Millionen Schubladen, die geschlossen geblieben sind.

Es sind so viel mehr glückliche, positive Erinnerungen, die hier auf dich warten.

Als du wieder auf die Kiste schaust, ist diese verschlossen.

Alle negativen Gefühle sind dort sicher verwahrt.

Entscheide du nun, wie du sie loswirst:

Ob du eine Tür schaffst und diese öffnest, ob du lieber ein großes Tor haben möchtest oder eine Luke nach oben öffnest, es ist ganz dir überlassen.

Schaffe die Öffnung dort, wo du sie dir wünscht, und dann befiehl der Kiste, deinen Kopf zu verlassen. Schau ihr nach, wie sie durch die Öffnung schwebt, alle negativen Emotionen mit sich nimmt.

Du spürst, wie dein Kopf ganz leicht wird. Durch die Öffnung streicht ein leichter, kühler Wind hinein. All der Druck und all die Sorgen schweben aus deinem Kopf heraus, es gibt dir ein Gefühl der Freiheit und Leichtigkeit.

Schau deiner Kiste nach, bis du sie nicht mehr sehen kannst, und schließe dann die Öffnung wieder.

Spüre nach, wie leicht und kühl dein Kopf sich anfühlt, wie frei…

Und nun werde dir langsam wieder deiner wirklichen Umgebung bewusst.

Du spürst die Matte unter deinem Rücken oder den Stuhl auf dem du sitzt. Du hörst die anderen leise atmen und du kommst wieder ganz im Hier und Jetzt an.

[Rücknahme]

Ein Vollbad

Und nun folge mir in eine Welt in deiner Fantasie.

Erschaffe dir von deinem inneren Auge einen richtigen Badetempel, ganz so, wie du ihn haben möchtest.

Vielleicht magst du römische Säulen und viel Marmor? Oder du hast es lieber einfacher mit einer großen Eckbadewanne? Vielleicht auch ein Whirlpool im Freien? Gestalte dir den Raum und die Badewanne so, wie du sie haben möchtest.

Im Hintergrund läuft leise Musik, die Luft ist schwer vom Wasserdampf und es riecht ganz wundervoll nach den Düften aus deinem Badewasser.

Vielleicht magst du es süßer oder doch eher sportlich? Oder ganz entspannend nach Lavendel oder frischen Kräutern?

Gehe an den Rand der Badewanne und atme tief ein, bevor du dich ins Wasser begibst.

Spüre nach, wie zunächst dein rechtes Bein ins Wasser gleitet. Von den Zehen über den ganzen Fuß und über die Wade bis hin zum Knie wird alles vom wohlig warmen Wasser eingehüllt.

Das gleiche passiert nun mit deinem linken Bein. Fühle, wie auch deine Oberschenkel, dein Gesäß und dein

Bauch, dein ganzer Oberkörper ins angenehm warme Wasser eintauchen.

Du lehnst dich zurück und schließt deine Augen. Dein Nacken, deine Schulter sind nun auch vom Wasser bedeckt, nur dein Kopf schaut noch hinaus.

Du merkst, wie sich all deine Muskeln im warmen Wasser mehr und mehr entspannen.

Und wenn du so ganz gelassen im Wasser liegst, kannst du fühlen, wie alles ganz warm wird, richtig angenehm warm.

Nur dein Kopf fühlt sich kühl an. Ein schöner Kontrast zu dem Rest deines Körpers.

Von irgendwoher strömt ein Luftzug, haucht dir über dein Gesicht, deine Stirn, und sorgt dafür, dass du dich wohl fühlst, richtig wohl und gesund. Tief entspannt und dennoch kraftvoll und lebendig.

Genieße diesen Zustand noch eine Weile…

Und nun werde dir langsam wieder deiner wirklichen Umgebung bewusst.

Du spürst die Matte unter deinem Rücken oder den Stuhl auf dem du sitzt. Du hörst die anderen leise atmen und du kommst wieder ganz im Hier und Jetzt an.

[Rücknahme]

Ein Schneespaziergang

Und nun folge mir in eine Welt in deiner Fantasie.

Stelle dir vor, wie du morgens wach wirst und aus dem Fenster schaust. Über Nacht hat es geschneit. Die ganze Welt liegt unter einer dicken Schneeschicht verborgen.

Alles ist ruhig und still, es ist noch ganz früh, bis auf ein paar Tierspuren ist die Schneedecke absolut unberührt.

Du beschließt, die restliche Bettwärme zu nutzen und einen frühen Spaziergang zu machen. Also ziehst du dich warm an, schlüpfst in deine dick gefütterten Winterstiefel, ziehst die Wollhandschuhe über und wickelst dir den flauschigen Schal bis über die Nase.

So ausgestattet trittst du aus der Tür und gehst los.

Klirrende Kälte schlägt dir entgegen. Dein Atem steigt aus dem Schal hervor und bildet lustige kleine Wölkchen vor deinem Gesicht.

Es ist ganz still, die Welt erwacht eben erst aus ihrem Schlaf. Einzelne Vögelchen sind zu hören, der Himmel ist hellblau und wolkenlos. Es wird ein wunderschöner Tag werden.

Am Horizont siehst du einen ersten rosafarbenen Streifen, mit dem sich der Sonnenaufgang ankündigt.

Du hörst nur das Knirschen deiner Schritte in der festen Schneedecke.

Dank deiner Kleidung ist dir angenehm warm, richtig gemütlich. Deine Augenpartie und deine Stirn sind frei von Kleidung und damit der Kälte ausgeliefert. Aber es ist eine angenehme Kälte, belebend und erfrischend und ein perfekter Kontrast zur Wärme, die sich in deinem restlichen Körper ausbreitet.

Je weiter du gehst und je wärmer dir durch die Bewegung wird, um so angenehmer empfindest du die Kälte in deinem Gesicht, auf deiner Stirn.

Du fühlst in diese Empfindung hinein, versuchst, sie ganz bewusst zu erleben.

Und so wanderst du durch die Winterlandschaft, genießt den Sonnenaufgang, die vitalisierende Kälte und entspannst dich voll und ganz.

Genieße diesen Moment, nimm alle Empfindungen und Farben in dich auf.

Und nun werde dir langsam wieder deiner wirklichen Umgebung bewusst.

Du spürst die Matte unter deinem Rücken oder den Stuhl auf dem du sitzt. Du hörst die anderen leise atmen und du kommst wieder ganz im Hier und Jetzt an.

[Rücknahme]

4.7   Die Schulter-Nackenfeld-Übung

Rot

Und nun folge mir in eine Welt in deiner Fantasie.

Stelle dir vor, wie du eine Wellness-Oase betrittst.

Angenehme, nicht zu grelle Beleuchtung. Leise, entspannende Musik im Hintergrund. Angenehme Gerüche, vielleicht nach Lavendel oder nach Kokos oder nach etwas ganz anderem – was du am liebsten magst.

Du wirst in einen Raum geführt.

Gestalte dir diesen Raum nach deinen Wünschen, wie es dort aussieht, wie es riecht.

Vielleicht denkst du dir auch ein paar Bilder an die Wände oder Pflanzen in die Ecken. Alles ist so, dass du dich ganz wohl fühlst.

Hinter einem Paravent liegt ein flauschiger Bademantel, den du dir anziehst.

In der Mitte des Raumes steht eine Liege mit einer großen Lampe darüber. Auf dieser Liege nimmst du Platz. Du legst dich auf den Bauch, dein Gesicht liegt in der Mulde des Kopfteils und du merkst, wie die Wärme des Raumes dich schläfrig macht.

Deine Arme baumeln an den Seiten hinab, ganz schwer und entspannt.

Über dir geht die Lampe an. Ein warmes, rotes Licht strahlt auf deinen Rücken.

Zunächst ganz großflächig.

Merkst du, wie dein ganzer Rücken warm wird? Wie sich alle Muskeln entspannen?

Fühle in deinen Rücken, wandere ihn gedanklich Wirbel für Wirbel nach oben und spüre, wie er immer weicher wird.

Nun scheint sich das Licht näher an dich heran zu bewegen. Statt deinen gesamten Rücken zu bestrahlen, merkst du nun punktuell die Wärme.

Das Licht wandert deinen Rücken hinauf, folgt genau wie du eben jedem einzelnen Wirbel.

Spüre nach, wie die Wärme dort noch intensiver wird, die Entspannung noch tiefer.

Zwischen deinen Schulterblättern hält das Licht an. Du spürst, wie es breiter wird, sich nach oben ausdehnt und deinen kompletten Nacken anstrahlt. Wohlige Wärme breitet sich auch hier aus.

Du kannst fühlen, wie deine Schultern loslassen. Sie fallen entspannt nach außen. Deutlich kannst du spüren, wie deine Schulterblätter sich voneinander wegbewegen.

Alle Spannungen des Alltags lösen sich aus deinem Nacken. Fast ist es, als würden sie im Licht und in der Wärme verdampfen.

Es fühlt sich an, als würde dir eine schwere Last von den Schultern genommen. Ein leichter Windhauch streift über deine Haut und kühlt sie – ganz wenig nur, so dass es dir angenehm ist. Das rote Licht wärmt dich weiterhin und sorgt dafür, dass sich deine Muskeln noch etwas weiter entspannen.

So bleibst du liegen, genießt die Stille oder die leise Musik, die Entspannung, die Wärme.

Alles in dir ist ganz ruhig und friedlich.

Genieße diesen Moment ganz für dich.

Und nun werde dir langsam wieder deiner wirklichen Umgebung bewusst.

Du spürst die Matte unter deinem Rücken oder den Stuhl auf dem du sitzt. Du hörst die anderen leise atmen und du kommst wieder ganz im Hier und Jetzt an.

[Rücknahme]

Nachthimmel

Und nun folge mir in eine Welt in deiner Fantasie.

Stelle dir einen Ort im Freien vor, an dem du ganz allein sein kannst.

Vielleicht das Dach eines Hochhauses, vielleicht eine Wiese unter freiem Himmel, vielleicht möchtest du aber auch an einem Fluss oder am Meer sein?

Du hast dir eine flauschige Decke mitgebracht, die du nun ausbreitest und auf die du dich legen kannst. Lege dich auf den Rücken und schließe deine Augen.

Lausche den Geräuschen, die du hören kannst. Vielleicht das ferne Rauschen von Autos oder das letzte Vogelgezwitscher an diesem Tag oder das leise Plätschern der Wellen?

Nach und nach blendest du die Geräusche aus. Du nimmst sie noch wahr, aber sie werden ganz unwichtig für dich.

Nun spüre nach, was du riechen kannst. Warmer Beton, vielleicht duftende Blumen oder Salzwasser?

Auch die Gerüche treten nach und nach in den Hintergrund, werden immer unwichtiger.

Durch deine geschlossenen Augen nimmst du wahr, dass es um dich herum immer dunkler wird, der Tag sich dem Ende zuneigt.

Spüre, wie deine Sinne immer weiter herunterfahren. Es wird dunkel, du nimmst kaum noch Geräusche wahr, Gerüche sind ganz unwichtig.

Und nun öffne in deiner Fantasie deine Augen.

Über dir spannt sich der Nachthimmel – übersät von Millionen und Abermillionen von Sternen.

Ein unermessliches Funkeln – fast scheint es so, als wärst du ganz allein auf der Welt.

Am Horizont siehst du den Mond aufgehen. Wunderschön erstrahlt sein warmes Licht und taucht die Welt in seinen unvergleichlichen blauen Schein.

Und während du den Mond und die Sterne über dir betrachtest, hast du auf einmal den Eindruck, das ganze Universum zu verstehen.

Du selbst bist ein winziger Teil davon.

Ein kleines Rädchen, das sich im Zusammenspiel mit den tausenden anderen Rädchen in einem uns unbekannten Rhythmus bewegt.

Und vor dir und auch nach dir werden all die kleinen Rädchen sich weiterdrehen und das am Laufen halten, was uns Menschen ausmacht.

Jedes Rädchen nur winzig klein und dennoch so unermesslich wichtig.

Und dir wird klar, dass jedes kleine Rädchen ein einzelnes Schicksal ist, das aber viele andere mitbewegt. So wie du deine Liebsten beeinflusst, wirst auch du von ihnen bewegt.

Alles greift ineinander, spielt zusammen und bildet eine perfekte Einheit.

Und du verstehst, dass viele deiner Sorgen ganz unwichtig sind.

Niemals ging es darum, sich mit anderen zu vergleichen. Mehr Geld zu haben, die besseren Autos, den teureren Urlaub.

All das unterscheidet uns nur oberflächlich, unter all den Äußerlichkeiten sind wir alle doch wieder nur winzige Rädchen.

Wieso also solltest du dein Leben damit verbringen, mit anderen in den Wettkampf zu gehen, statt zu genießen, was dir das Leben jeden Tag bietet?

Gesundheit, Familie, Freunde, hunderte kleiner Momente voller Freude und das Glück, ein schönes Leben führen zu können.

Und als all das in dir ein Gedanke wird, fallen die kleinen Sorgen und Nöte von dir ab.

Als würde dir ein schweres Gewicht von den Schultern genommen.

Du fühlst dich leicht und frei, als könntest du einfach zu den Sternen schweben.

Und auch wenn du dich später nicht mehr an all die Gedanken erinnern kannst, die du in diesem Moment erfahren hast, so wirst du doch immer wieder auf dieses Gefühl zurückgreifen können.

Das Gefühl von Leichtigkeit und Glück und von umfassendem Verständnis.

Und tief in deinem Unbewussten wird es in dir arbeiten, und du wirst niemals wieder das Wissen um die Dinge verlieren, die in deinem Leben wirklich wichtig sind.

Und nun nimm diese Erkenntnis, bewahre dir die Leichtigkeit und komme langsam zurück ins Hier und Jetzt.

[Rücknahme]

Pflanzen

Und nun folge mir in eine Welt in deiner Fantasie.

Fühle in deinen Körper hinein und konzentriere dich ganz auf den Bereich deiner Schultern und deines Nackens. Kleine und größere Zipperlein sitzen in der Muskulatur, verspannen diese, sorgen für Verhärtungen und Schmerzen.

Führe dir genau vor Augen, wie deine Muskeln aussehen. Lange Stränge von Muskelfasern, dicke Muskelbündel, manche ganz weich und entspannt, andere verhärtet.

Du erkennst, dass die Schmerzen wie Pflänzchen aussehen – schau genau hin:

Sieh, wie die Wurzeln dieser Blumen sich an deinen Muskeln festhalten und dir dort Schmerzen bereiten.

Manche sind vielleicht noch ganz klein, andere wirken bereits wie kleine Bäume, so viele Jahre wachsen sie schon dort.

Nun nimm dir eine der kleinsten Pflanzen die du sehen kannst. Spüre das Ziepen, das sie in deiner Muskulatur verursacht. Und nun nimm sie zwischen zwei Finger und ziehe den Schmerz heraus. Ganz sachte, spüre genau nach, wie es sich anfühlt, als der Schmerz den Muskel verlässt. Das Ziepen hört auf, stattdessen breitet sich eine wohlige Wärme an der Stelle aus.

Und du gehst zur nächsten kleinen Pflanze. Ziehe auch diese sachte aus dir heraus, nimmt wahr, wie der Schmerz schwindet und die Stelle angenehm warm wird.

So arbeite dich nun von Pflanze zu Pflanze, traue dich auch an die größeren heran, ziehe sie alle aus dir heraus.

Manche der größten Pflanzen sind vielleicht noch hartnäckig, lassen heute nicht los.

Das ist ganz in Ordnung, beim nächsten Mal oder beim Mal danach werden auch sie nachgeben.

Arbeite dich so durch deine Muskulatur und spüre, wie sie immer großflächiger schmerzfrei und warm wird. Ganz locker und entspannt, es scheint, als könnten sich die Muskeln endlich wieder befreit bewegen. Sich lang machen, strecken, ihre Aufgabe schmerzfrei erfüllen.

Höre nun auf, dich mit den Pflänzchen zu beschäftigen, es sind sowieso nicht mehr viele übrig.

Genieße einfach dieses unglaublich entspannte Gefühl.

Spüre, wie sich bei jedem Einatmen die Muskulatur noch ein Stück weitet, bei jedem Ausatmen wohlig entspannt.

Und nun werde dir langsam wieder deiner wirklichen Umgebung bewusst.

Du spürst die Matte unter deinem Rücken oder den Stuhl auf dem du sitzt. Du hörst die anderen leise atmen und du kommst wieder ganz im Hier und Jetzt an.

[Rücknahme]

Fantasiereisen für verschiedene Beschwerden

Meiner Erfahrung nach lassen sich Formeln und Fantasiereisen auch nutzen, um verschiedene Beschwerden zu lindern oder ganz aufzulösen.

Auf den folgenden Seiten gebe ich Ihnen noch Fantasiereisen als Beispiele gegen drei typische Beschwerden mit an die Hand, bei denen sich Autogenes Training bewährt hat:

Kopfschmerzen, Migräne mit Übelkeit und Grübeleien.

Bitte bedenken Sie immer: Hormonell bedingte Migräne zum Beispiel lässt sich nur schlecht mit Autogenem Training behandeln, und auch bei Übelkeit durch abgelaufene Lebensmittel stehen unsere Chancen eher schlecht.

Sind die Symptome aber Zeichen von psychischer Belastung, können Fantasiereisen wirklich gut helfen.

Schweben
(Gegen Kopfschmerzen und Migräne)

Und nun folge mir in eine Welt in deiner Fantasie, in eine Welt, in der du dich gelöst und befreit fühlen kannst.

Stelle dir vor, wie du auf dem Rücken liegst und in den Himmel schaust. Er ist strahlend blau und nur vereinzelte Wölkchen ziehen über dir vorbei. Du siehst diese Weite und du weißt, dort oben gibt es nichts, das dir nicht guttun würde.

Also konzentrierst du dich kurz auf deinen Kopfschmerz. Nimm ihn wahr, wie er pulsiert oder pocht oder vielleicht sticht. Nimm auch wahr, was um dich herum ist, das den Schmerz noch verschlimmert. Geräusche, Gerüche, Licht, alles was dir gerade unangenehm ist.

Und nun stelle dich darauf ein, all das hinter dir zurückzulassen. Alle unangenehmen Empfindungen loszuwerden.

Und beim nächsten Einatmen merkst du, wie du ganz leicht wirst. Atme aus und wieder ein und spüre, wie du noch leichter wirst.

Und beim dritten Einatmen wird du so leicht, dass du vom Boden abhebst. Ganz wenig nur, so, dass du gerade eben den Bodenkontakt verlierst.

Atme weiter und gewöhne dich an dieses Gefühl der Leichtigkeit und der Schwerelosigkeit.

Atme tief ein…
und aus…

Und beim nächsten Einatmen steige etwas höher hinauf in den Himmel. Wenn du magst, kannst du dich in der Luft drehen und nach unten schauen. Steige nur so weit auf, wie du dich wohl fühlst.

Schließe einmal kurz deine Augen und spüre in dich hinein. Du fühlst dich ganz frei, hast all deine negativen Empfindungen dort unten gelassen. Deine Schmerzen scheinen weit weg zu sein.

Steige nun noch ein wenig höher hinauf und spüre, wie auch die Gerüche und Geräusche nachlassen. Auch das Licht hier ist viel angenehmer, hell, aber ohne dich zu blenden.

Und nun, nachdem du dich an diesen Zustand der Schwerelosigkeit gewöhnt hast, breite deine Arme aus und fliege los.

Folge einer Straße, die du unter dir siehst, ein Stück weit. Über einem Waldstück biegst du ab. Schwebe über den Bäumen dahin und schaue dir die Wipfel von oben an. Vielleicht siehst du dazwischen auch Hasen oder Rehe? Oder einen Bachlauf, der sich durch den Wald zieht und in der Sonne glitzert?

Du merkst, wie gut es dir tut, hier zu sein, und wirst immer schneller.

Wie ein grüner Streifen fliegt der Wald unter dir dahin. Dazwischen überfliegst du immer mal wieder einzelne Felder, gelegentlich auch Siedlungen.

Aber bei dir hier oben ist es ruhig und friedlich, du hörst nur das Rauschen des Windes in deiner Kleidung. Sanft streicht er über deinen Kopf, kühlt ihn und lässt dich tief und befreit durchatmen.

Du kommst an ein kleines Gebirge und schießt darauf zu. Kurz vor dem Hang nutzt du den Aufwind und lässt dich senkrecht nach oben katapultieren um danach einen spektakulären Ausblick auf die Berge genießen zu können.

Grüne Wiesen zwischen schneebedeckten Gipfeln, graue Steine vor dem blauen Himmel – es ist wunderschön und befreiend.

Langsam ziehst du eine weite Kurve und machst dich wieder auf den Rückweg. Zurück über die Berge, über die Felder und Siedlungen, den Wald, die Straße entlang bis zu dem Punkt, an dem du gestartet bist.

Dort schwebst du ganz langsam nach unten. Bei jedem Ausatmen ein Stückchen weiter.

Atme ein…
und atme aus…

Drehe dich und sinke noch etwas weiter hinab, bis dein Rücken wieder den Boden berührt.

Noch einmal atme ein… und aus… bis du wieder fest und sicher auf dem Boden liegst.

Du nimmst langsam die Geräusche und dich herum wieder wahr, die Gerüche kehren langsam zurück in dein Bewusstsein.

Du spürst wieder den Boden unter dir.

Nur deine Kopfschmerzen sind nicht mehr da, sind der Leichtigkeit und der Kühle des Windes gewichen. Genieße noch eine Weile die Entspannung und Gelassenheit, die sich deiner bemächtigt hat.

Und nun werde dir langsam wieder deiner wirklichen Umgebung bewusst.

Du spürst die Matte unter deinem Rücken oder den Stuhl auf dem du sitzt. Du hörst die anderen leise atmen und du kommst wieder ganz im Hier und Jetzt an.

[Rücknahme]

Die Quelle
(Gegen stressbedingte Migräne mit Übelkeit)

Und nun folge mir in eine Welt in deiner Fantasie.

Es ist noch nicht lange her, da hat dir jemand von einer Quelle erzählt. Das Wasser aus dieser Quelle soll so klar und rein und ursprünglich sein, dass es jede Form von Beschwerden lindern kann.

Diese Quelle aber liegt verborgen in einem Land in deiner Fantasie. Doch sorge dich nicht, ich kenne den Weg und führe dich dort hin.

Folge mir und bleibe dicht bei mir, sodass du nicht den Anschluss verlierst.

Schließe deine Augen und öffne ganz weit deinen Geist und deine Fantasie und dann stelle dir eine Welt vor, die du so noch nicht gesehen hast.

Du öffnest deine Augen und die ganze Welt erscheint in Pastelltönen. Farben, ganz angenehm für deine Augen, nichts blendet oder ist aufdringlich.

Um dich herum siehst du Pflanzen, die du noch nie gesehen hast. Riesengroß und wunderschön.

Schmetterlinge in den abenteuerlichsten Formen und Farbkombinationen, die absolut lautlos um dich herum schweben.

Diese Welt ist frei von unangenehmen Gerüchen. Vielleicht riechst du ganz dezent einen Hauch von Minze oder Lavendel, vielleicht aber auch einfach gar nichts.

Wir bewegen uns langsam und gemächlich durch diese riesige Blumenwiese. Lasse deinen Blick schweifen, nimm auf, was du rechts und links von dir sehen kannst.

Genieße die Stille, die rund um dich herum herrscht und spüre nach, wie leicht du hier laufen kannst. Vollkommen ohne Erschütterung, fast ein wenig, als könntest du schweben.

So bewegen wir uns Schritt für Schritt, Meter für Meter durch diesen absoluten Frieden.

Und nach einer Weile hörst du ein ganz leises Rauschen – mit jedem Schritt kommen wir der Quelle immer näher und näher.

Vor uns teilt sich das Blumenmeer und du kannst sehen, wie sich eine kristallklare Quelle in einen kleinen See an ihrem Fuß ergießt. Das Wasser ist so rein, dass du bis auf den Grund schauen kannst, nichts trübt diesen See.

Du nimmst ein kleines Glas aus deiner Tasche. Du darfst von der Quelle nichts mit in deine Welt nehmen, aber du kannst hier so viel davon trinken wie du brauchst, damit es dir gut geht.

Du füllst dir etwas Wasser aus dem See in dein Glas und nimmst den ersten Schluck, ganz gespannt, was passiert.

Spüre nach, wie das Wasser sich in deinem Mund ausbreitet. Kalt und klar zieht es in alle Poren, scheint sich sogar in deinem Kopf auszubreiten. Dein Kopf wird ganz angenehm kühl, deine Schläfen entspannen sich, deine Stirn wird ganz glatt, deine Augenlider sind sanft geschlossen. Dein Kiefer entspannt sich.

Das Wasser rinnt weiter deine Kehle hinab, bleibt dabei angenehm kühl und du kannst seinen Weg bis in deinem Bauch hinab verfolgen. Im Magen angekommen breitet es sich auch dort aus. Legt sich beruhigend auf die Magenwände... kühlt... lindert... entspannt... Dein ganzer Bauchraum wird weich, locker, ruhig.

Du fühlst dich schon viel besser und nimmst noch einen Schluck.

Mit der Ausbreitung dieses Schlucks wird dein Kopf absolut frei. Alle Muskeln in deinem Nacken entspannen sich, dein Gesicht ist ganz weich, ein leichtes Lächeln schleicht sich auf deine Lippen.

Aus deinem Magen heraus breitet sich das Wasser in deinem ganzen Körper aus.

Deine Beine werden ganz locker und leicht, mehr noch als zuvor. Deine Arme hängen einfach so an dir herab. Deine Schultern fallen nach hinten, alle Last scheint von ihnen genommen. Dein Nacken entspannt sich noch weiter, wird ganz weich und geschmeidig.

Und mit einem dritten Schluck lässt du alles los. Du wirst frei, wie schwerelos, fühlst dich, also müsstest du nur kurz blinzeln und könntest fliegen.

Dankbar nimmst du auch noch den letzten kleinen Schluck des Quellwassers aus deinem Glas. Du fühlst dich beschwingt und lebendig, kraftvoll und absolut schmerzfrei.

Und mit genau diesem Gefühl schaue noch einmal zurück, präge dir den Weg gut ein und dann…

… werde dir langsam wieder deiner wirklichen Umgebung bewusst.

Du spürst die Matte unter deinem Rücken oder den Stuhl auf dem du sitzt. Du hörst die anderen leise atmen und du kommst wieder ganz im Hier und Jetzt an.

[Rücknahme]

Das Feuer des Vergessens
(Gegen unentwegtes Grübeln)

Und nun folge mir in eine Welt in deiner Fantasie.

Stelle dir vor, wie du an einem gemütlichen Kamin sitzt. In einem bequemen Sessel mit einer hohen Rückenlehne. Vor dir ein kleines Tischchen mit Zetteln und einem schönen, besonderen Stift.

Es ist richtig gemütlich, aber irgendwie kommst du von deinen Sorgen heute nicht los. Unentwegt schwirren dir Gedanken durch den Kopf und lassen dich einfach nicht frei.

Lausche einmal in dich hinein, lasse alle Gedanken einfach zu. Sie tauchen auf, einige verschwinden wieder, andere siehst du immer wieder – welcher ist besonders hartnäckig und taucht nochmal und nochmal auf?

Du schaust zu, wie sich der Stift auf dem Tisch vor dir von alleine zu bewegen beginnt und genau das aufschreibt, was du denkst. Dieser störende, immer wiederkehrende Gedanke steht nun dort auf einem Zettel geschrieben.

Und dieser Zettel faltet sich zusammen und legt sich an eine Seite des Tisches.

Lausche nun erneut in dich hinein, welcher Gedanke möchte jetzt wahrgenommen werden?

4.0   FANTASIEREISEN - BESCHWERDEN

Und auch dieser Gedanke wird von dem fleißigen Stift niedergeschrieben.

Und auch der nächste Gedanke – und der darauffolgende – und auch noch der danach. Ein Gedanke nach dem anderen wandert auf den Stapel mit Zetteln am Rande des Tisches.

Und jeder Gedanke, der niedergeschrieben wurde, ist aus deinem Kopf verschwunden.

Tauche noch einmal in dich ein und nimm sie wahr: Diese Ruhe und Stille in deinem Kopf. Du kannst noch ganz leise und unterschwellig kleine, unwichtige Gedanken hören, aber diese kannst du einfach beiseiteschieben. Sie sind nicht wichtig und lassen sich leicht vertreiben.

Du konzentrierst dich nun nur auf dich selbst. Wie du ganz entspannt sitzt... deine Muskeln ganz locker sind, überall... du ruhig atmest... deinem Herzschlag lauschst... spürst, wie dir angenehm warm ist... dein Kopf angenehm kühl und du ganz ruhig und gelassen dasitzen kannst.

Gerüche sind wahrnehmbar, vielleicht hörst du leise Musik oder kannst sie dir vorstellen – für diesen Moment gehört dein Kopf dir, befreit, leer, ganz offen für die Dinge, mit denen du dich beschäftigen magst.

Genieße diesen Zustand für eine Weile...

und dann besinne dich wieder auf den Stuhl, in dem du sitzt, den Tisch vor dir, die Zettel mit deinen Gedanken.

Um noch eine Weile Ruhe zu haben, nimm dir nun jeden Zettel einzeln, wirf einen Blick darauf und suche dir einen Gedanken aus, um den du dich kümmern möchtest. Dieser eine Gedanke ist der einzige, den du wieder mitnehmen kannst.

Stecke den Zettel in deine Hosentasche und dann nimm dir den restlichen Stapel und wirf ihn ins Kaminfeuer.

Sieh zu, wie die Zettel aufglühen, Funken fliegen und sie einfach verschwinden, bis nur noch ein kleiner Haufen Asche übrig ist. Als hätte es all diese Gedanken nie gegeben.

Und du nimmst diesen einen Gedanken mit zurück und lässt ihn bis morgen in der Hosentasche. Bis dahin genießt du weiter die Ruhe, bist Herr über deinen Kopf und morgen kannst du dich in aller Ruhe und mit der gebotenen Aufmerksamkeit diesem Gedanken widmen.

Sobald dir danach ist – bis dahin bleibt er einfach in der Tasche, und du entscheidest, wann er hinausdarf.

Genieße diesen Zustand und denke daran, dass es deine Entscheidung ist, wann du dich womit beschäftigen möchtest.

Jederzeit, wenn zu viele Gedanken gleichzeitig auftauchen, kannst du zurück in dieses Zimmer, der Stift und der Kamin stehen dir nun jederzeit zur Verfügung.

Mit diesem erleichternden Wissen, dass du jederzeit wieder sortieren und aufräumen kannst, kehre nun zurück in die Wirklichkeit.

Du spürst die Matte unter deinem Rücken oder den Stuhl auf dem du sitzt. Du hörst die anderen leise atmen und du kommst wieder ganz im Hier und Jetzt an.

[Rücknahme]

DANKSAGUNG UND SONSTIGES

Ich danke an dieser Stelle:

Meinem Mann Dario (er ist Personal Trainer), der mich in den Wochen der Entstehung dieses Buches immer wieder vom Schreibtisch weggezerrt und mich fit gehalten hat und mir mit viel Motivation und Optimismus zur Seite stand.

Uwe Jülichs von Jülichs Industriekommunikation, der sich mit viel Liebe und Sorgfalt und noch mehr Fachkompetenz auf mein Buch gestürzt und mir so viel wertvollen Input geliefert hat.

Und natürlich Ihnen für den Erwerb dieses Buchs. Wenn Sie mit den Fantasiereisen gut arbeiten konnten, empfehlen Sie mich gern weiter.

Bei Fragen und Anregungen senden Sie mir einfach eine E-Mail an sabrinadipumpo.praxis@gmail.com, ich gebe alles, um jede E-Mail zu beantworten.

Mehr zu mir unter www.sabrina-dipumpo.de.

ZUM SCHLUSS…

… habe ich hier noch eine Märchengeschichte als kleine Zugabe, die ich einmal für Autogenes Training in Familien geschrieben habe – nicht zuletzt inspiriert durch die Umgebung, in der ich wohne. ;-)

Viel Spaß damit!

Märchenreise durch die Felder

Schließt eure Augen und stellt euch vor, ihr seid auf einem Feldweg. Rund um euch herum sind gelbe Kornfelder und grüne Wiesen.

Vielleicht seht ihr ein besonders dickes Büschel Gras, vielleicht Steine in einer besonderen Formation.

Ihr sitzt auf einer Decke, diese fühlt sich unter euch ganz weich an. Vielleicht merkt ihr noch kleine Unebenheiten oder Steinchen, aber diese stören euch nicht.

Atmet ein paar Mal tief ein und aus und nehmt wahr, wonach es riecht. Vielleicht nach den ersten Frühlingsblumen, vielleicht nach Gras oder nach dem letzten Regen? Alle Gerüche blendet ihr nun nach und nach aus.

Jetzt hört auf die Geräusche um euch herum. Die Vögel, der Wind, vielleicht rauscht er sanft durch die Felder, eventuell hört ihr auch kleine Insekten oder den weiter entfernten Verkehr.

Und nun stellt euch vor, wie alle Geräusche leiser werden.

Schiebt alle Empfindungen an die Seite, darauf könnt ihr euch später wieder konzentrieren.

Atmet tief ein...

Und aus....

Noch einmal ein...

Und wieder aus...

Und jetzt nehme euch mit in ein Märchenland, ein Land hier an dieser Stelle, genau bei uns, dass ihr alleine möglich macht.

Stellt euch vor, direkt vor euch hört ihr ein ganz leises Geräusch. Ein bisschen wie ein Kratzen, aber nicht unangenehm. Neugierig lauscht ihr und fragt euch, was das sein könnte.

Ihr beugt euch ein wenig vor und seht, wie sich ein kleiner, grüner Halm aus der Erde erhebt. Langsam, aber sichtbar wächst er immer weiter und weiter in die Höhe und wird dabei immer dicker, bis er fast einen Meter groß ist.

MÄRCHENREISE DURCH DIE FELDER

Viele kleine Blätter wachsen aus dem Stängel, in ganz vielen verschiedenen Grüntönen.

In diesem Moment passiert gar nichts mehr.

Gespannt wartet ihr, was wohl als nächstes geschieht.

Schaut euch den Stängel einmal aus der Nähe an, ganz oben scheint sich etwas zu regen.

Ihr seht, wie sich eine kleine Knospe bildet. Immer weiter wächst sie und wird dabei ganz leicht bläulich.

Immer größer wird sie und immer größer.

Und als sie fast so groß wie eure Hand ist, hört sie auf zu wachsen. Ihr seht schon, dass sie blau werden wird, aber die Knospe ist noch geschlossen.

Aber schaut, bewegt sich die Knospe etwa? Es sieht beinahe so aus, als wollte etwas aus ihrem Inneren heraus.

Mit einem leisen „Plopp" öffnet sich die Blüte und ihr traut euren Augen kaum: mitten in der Blüte sitzt ein winziges Wesen.

Ganz zierlich und klein ist es.

Schaut euch an, wie klein die Händchen und Füßchen sind. Wie winzig das Gesichtchen und wie wunderschön.

MÄRCHENREISE DURCH DIE FELDER

Das kleine Wesen schüttelt sich und klappt auf einmal kleine Flügelchen auf, die ihr noch gar nicht bemerkt habt.

Die Flügel sind so blau wie die Blüte, aber beinahe durchsichtig. Das kleine Wesen schüttelt seine Flügel und ihr bemerkt einen ganz leichten Windhauch, der von ihnen ausgeht.

Das kleine Ding hebt seine Hand und zeigt neben sich und als ihr euch zurücklehnt, seht ihr, dass rund um euch herum überall die gleichen Blumen wachsen.

Einige sind noch grüne Halme, anderen wachsen schon die ersten Knospen. In rosa und lila, in gelb und rot, einige genauso blau wie die Blume vor euch.

Und nach und nach öffnen sich alle Blüten und in jeder sitzt ein bezauberndes kleines Wesen.

Schaut euch die Flügel an – jedes Paar Flügel hat die gleiche Farbe wie die Blüten, aus der sie kommen.

Und auf einmal, wie abgesprochen, erheben sich alle Wesen in die Luft. Einige sind noch etwas tollpatschig, andere können schon ganz gut fliegen und sie alle schwirren um euch herum in der Luft.

Die ersten Wesen beginnen, um euch herum zu flattern – sie scheinen genauso neugierig zu sein wie ihr. Sie setzen sich auf eure Hände und Beine, einige sind besonders vorwitzig und landen direkt auf eurer Nase und schauen euch gebannt ins Gesicht.

Schaut sie euch genau an, wie winzig klein und doch perfekt sie sind. Die niedlichen Gesichter, die hübschen Flügel, all diese Farben um euch herum.

Ein besonders mutiges Wesen schwebt direkt vor eurem Gesicht und sagt mit leiser Stimme „Wir sind kleine Elfen – und was seid ihr?".

Ganz erstaunt erklärt ihr, dass ihr Menschen seid.

Und die Elfen fragen euch, ob ihr ihr Land schon mal gesehen habt.

Ihr erwidert, dass sie doch in eurem Land sind.

Doch die Elfen meinen, dass sie euch in ihr Land geholt hätten, damit ihr wieder lernen könntet, auf die Schönheit zu achten, die sich in eurem Land verbirgt.

Also begleitet ihr die Elfen.

Ihr lauft mit ihnen den Weg entlang und schaut euch ganz erstaunt um.

Überall seht ihr Dinge, die ihr vorher gar nicht bemerkt habt: Das unterschiedliche Grün des Grases, die vielen verschiedenen Brauntöne der Erde, die Steine auf und neben dem Weg.

MÄRCHENREISE DURCH DIE FELDER

Überall sind kleine Blumen und Blüten zu sehen, die ihr vorher gar nicht wahrgenommen habt.

Ihr riecht die Natur,

es riecht nach Feldern

und Erde

und Regen

und Sonne

und irgendwie nach allem gleichzeitig.

Ihr spürt die Unebenheiten unter euren Füßen während ihr lauft.

All die kleinen Steinchen und Erhebungen.

Ihr hört die Geräusche um euch herum.

Singende Vögel, der Wind in den Halmen, und daneben das leise Geräusch der kleinen Flügelchen.

Genießt auf dem Rückweg einmal die Schönheit des Augenblicks, die tiefe Ruhe die euch erfüllt, spürt allen Empfindungen nach, die ihr gerade habt.

Die Elfen bitten euch nun, euch wieder hinzusetzen und die Augen zu schließen.

Sie sind überglücklich, dass ihr mit so viel Freude durch ihr Land gegangen seid.

MÄRCHENREISE DURCH DIE FELDER

Und zu jedem einzelnen von euch kommt eine der kleinen Elfen und gibt euch einen winzigen Kuss auf die Nasenspitze.

Dies, so erklären sie euch, helfe euch, euch daran zu erinnern, was ihr heute erlebt habt.

Eine wunderschöne Welt, die ihr nicht mehr wahrnehmt, weil ihr lange nicht mehr mit offenen Augen und Ohren durch die Welt gelaufen seid.

Aber ab heute, so versprechen sie euch, werde das anders sein.

Ihr habt wieder gelernt, die Kleinigkeiten wahrzunehmen.

Und während sie sich von euch verabschieden, seid ihr glücklich und von tiefem Frieden erfüllt, denn ihr wisst, dass ihr nur eure Augen zu schließen braucht, um euch wieder an diese Welt zu erinnern.

Und ihr wisst auch, dass ihr eure Welt ab jetzt ganz anders erleben werdet.

Ihr braucht einfach nur eure Sinne wieder zu benutzen und euch an der Schönheit zu erfreuen.

Genießt die Ruhe noch einen Augenblick, die dieser Gedanke mit sich bringt.

MÄRCHENREISE DURCH DIE FELDER

Langsam werden die Geräusche der Flügelchen leiser und gleichzeitig werden die Geräusche im Hintergrund wieder etwas lauter.

Ihr spürt, dass ihr wieder in eure Welt zurückkehrt – die Welt, die ihr nun mit ganz anderen Augen sehen könnt.

⎡Rücknahme⎤

INHALT